AF262424

LE PONT DE VALENTRÉ

A CAHORS

(LOT)

HISTOIRE ET DESCRIPTION

DU

PONT DE VALENTRÉ

A CAHORS (LOT)

PAR

M. Paul GOUT,

Architecte du Gouvernement.

CAHORS

J. BRASSAC FILS, ÉDITEUR, IMPRIMEUR,

26, BOULEVARD NORD, 26.

1880

HISTOIRE ET DESCRIPTION

DU

PONT DE VALENTRÉ

A CAHORS

(LOT)

E qui distingue les monuments appelés historiques et ajoute à leur intérêt artistique, c'est de servir de repères, de localiser les recherches, et de préciser les événements, dans les études au travers des siècles. Constants témoins de l'activité humaine, ils sont les caractères les plus précieux de la grande écriture de l'histoire pour

retracer fidèlement le passé des villes comme la vie
des populations. Aussi la connexité du monument avec
le lieu où il a été élevé, nous amène-t-elle à exposer
en quelques mots les origines de Cahors, au début de
ce travail sur le plus curieux des monuments que cette
ville ait conservés debout parmi bien des ruines.

La ville actuelle de Cahors n'est autre que l'antique
Divona, nom celtique qui lui vint, parait-il, de la fon-
taine dite *des Chartreux*, l'une des plus belles sources
de France, qu'on voit jaillir des rochers dominant la
rive gauche du Lot, à quelques centaines de mètres en
amont du pont de Valentré. Sous le règne d'Honorius,
Divona n'était déjà plus désignée que sous le nom de
Civitas Cadurcorum dont on aura fini, à force d'élision,
par faire Cahors.

Les monuments que les Romains élevèrent à Cahors
prouvent l'importance que dut avoir cette ville sous
leur domination. Des thermes, un aqueduc, un théâtre,
un forum et un pont, telles furent ces constructions
dont il ne subsiste plus que quelques débris.

Cahors tomba au pouvoir des Wisigoths en 472 (1),
et fut saccagée par Théodebert, fils de Chilpéric, qui
en fit raser les remparts et mettre les monuments pu-
blics au pillage. L'évêque Didier en entreprit la recons-
truction en 645. Elle devint tour à tour la proie des
troupes du roi Pépin, des Sarrasins et des Normands.
Plus tard, elle subit le joug des Anglais, et fit éclater
son patriotisme dans ses luttes contre l'étranger. En-
nemie des nouvelles doctrines religieuses, elle prit
constamment parti contre elles. Aussi la voit-on s'ar-

(1) Voyez *Statistique du département du Lot*, par J. A. Delpon,
tome I, livre IV, chap. III, § 1.

mer d'abord contre les Albigeois, puis contre les protestants (1). On sait la résistance héroïque qu'elle opposa à Henry de Navarre.

Qu'on veuille bien nous permettre, avant d'aborder notre sujet, de parler ici des ponts construits sur notre territoire depuis la conquête romaine jusqu'au moyen-âge. La plupart d'entre eux subsisteraient encore, s'ils n'avaient été mutilés ou démolis pour faire place à d'autres jugés plus conformes aux besoins de l'activité moderne. Ceux qui ont échappé à la pioche des démolisseurs, élevés souvent par les procédés les plus rudimentaires, mais avec la profonde, la complète connaissance de l'art de bâtir, sont de glorieux défis portés par le génie de la construction aux calculs de la science. En considération de cette pensée dont nous sommes frappé devant l'un de ces ouvrages les plus remarquables, on excusera une digression de quelques lignes consacrées à ces œuvres que nous voudrions voir toutes entourées du respect dû à leur âge et à l'intérêt exceptionnel qu'elles présentent.

On ne trouve aucun vestige des voies de communication dans les Gaules avant l'époque romaine. Leur existence paraît néanmoins démontrée par la fréquence des émigrations et par l'usage des chariots et des chars de guerre. Les Romains, grands traceurs de routes, furent conséquemment grands constructeurs de ponts. Auguste et son gendre Agrippa sillonnèrent la Gaule de grandes voies principales, qui se multiplièrent par la suite et desservirent les contrées agricoles et les établissements balnéaires. Ces routes, à leur rencontre avec des cours d'eau, nécessitèrent des ponts dans la

____

(1) Voyez *Commentaires de Monlluc.*

construction desquels les Romains déployèrent l'expérience la plus consommée. On voit encore les ponts de Battant (Doubs), de Sommières (Gard), de Moret, de Souppes (Seine-et-Marne), le pont Julien (Vaucluse), etc.

Les Romains établissaient souvent, soit aux extrémités, soit au milieu de leurs ponts, des espèces de portes triomphales couronnées de créneaux. On voit à Saintes un arc de triomphe romain qu'on transporta sur la rive droite de la Charente, lorsque la démolition du vieux pont fut résolue. Ce pont, bâti au moyen-âge sur des piles romaines, avait conservé sur l'une d'elles cette porte antique à deux ouvertures.

Les ponts en charpente, dont les Romains firent un fréquent usage, en raison de la grande quantité de bois qui couvrait le sol des Gaules, étaient eux-mêmes munis de cette sorte d'ouvrages. César (1) donne la description d'un pont en bois qu'il fit pour passer le Rhin, et il ajoute :

« Tout le pont fut achevé en dix jours, à compter
» de celui où le bois fut apporté sur le bord du fleuve,
» et toute l'armée passa dessus pour entrer en Allema-
» gne, après avoir fait aux deux bouts, deux forts où
» on laissa bonne garnison. »

C'est là l'origine des châtelets qui garnirent plus tard les ponts du moyen-âge.

Après la chute de la puissance romaine, la désorganisation administrative fit longtemps abandonner l'usage et l'entretien des ponts qui avaient coûté à leurs constructeurs tant de labeurs et de patiente persévérance. Charlemagne institua, le premier, des commis-

____

(1) *De bello gallico,* lib. IV, cap. II.

saires impériaux chargés de visiter les ponts et d'en prescrire l'entretien. Ses successeurs essayèrent vainement de remettre en vigueur *l'ancienne coutume*, qui consistait à imposer aux populations l'obligation de construire, de restaurer ou d'entretenir les ponts.

L'institution au moyen de laquelle on pourvut pendant le moyen-âge à l'entretien des ponts, fut celle, dit M. le baron de Girardot (1) « des péages appelés *pon-
» tage, pontonage, pontenage, pontonalge*, enfin *billette*
» ou *branchiette*, à cause du billot ou de la branche
» d'arbre où l'on attachait la pancarte indicative des
» droits à payer. Le péage se percevait pour le passage
» en dessus, ou pour le passage en dessous. Un droit
» sur le sel transporté par bateaux fournissait à l'en-
» tretien coûteux du pont Saint-Esprit et des enroche-
» ments, sans cesse renouvelés, qui préservaient les
» piles des affouillements à redouter à cause de la
» rapidité du fleuve. Les péages sur les ponts très-
» anciens avaient été établis de l'autorité des seigneurs ;
» mais lorsque le pouvoir royal eut avancé son œuvre
» de centralisation, le roi seul put en établir à son
» profit ou à celui des engagistes du domaine, soit des
» cessionnaires à titre d'inféodation ou d'octroi. »

A ces ressources, souvent distraites de leur destination au profit personnel des concessionnaires, des dons charitables ou inspirés d'une idée pieuse venaient apporter un contingent assez important. On considérait, en effet, comme œuvre méritoire, l'établissement d'un pont sur une rivière. Eudes, comte de Chartres, de

(1) *Annales archéologiques*, tome VII, page 17, passage cité par M. Viollet-le-Duc. — *Dictionnaire de l'Architecture française*, tome VII, page 280.

Tours et de Blois, déclara, par une charte datée de 1306, « qu'ayant fait bâtir un pont à Tours dans le seul » but de faire une action méritoire pour le salut de son » âme, il ne voulait pas qu'il y fût perçu de droits » d'aucune espèce » (1).

Cette charte démontre aussi qu'on ne pouvait percevoir un péage sur un pont sans l'autorisation du fondateur.

Une confrérie religieuse dite des *Frères hospitaliers pontifes* fut instituée en 1164 dans le principal but de construire des ponts et d'établir des bacs. Petit Benoît, ou saint Bénezet, fut le chef de cette institution qui entreprit la construction du pont d'Avignon, un des plus considérables qu'ait vu s'élever le XIIe siècle et dont il reste encore quatre arches.

Le pont fortifié de Carcassonne et le vieux pont de Béziers datent de la même époque.

Le pont Saint-Esprit, sur lequel on passe le Rhône à Saint-Savourin-du-Port, date de la seconde moitié du XIIIe siècle. Il ne mesure pas moins de mille mètres de longueur répartis sur vingt-deux arches. Ce fut la dernière œuvre de la confrérie des *Frères pontifes*. Il y a deux siècles environ, ce pont était encore fermé par des portes et aboutissait, du côté de la ville, à une défense formidable.

On a conservé sur les dispositions du pont d'Orléans de curieux détails qui montrent quelle en était l'importance au point de vue militaire.

Nous ne pouvons que citer ici les plus importants

(1) *Droits et usages*, par M. A. Champollion-Figeac, page 125.

des ponts construits pendant le moyen-âge, et renvoyer le lecteur, pour les lui mieux faire connaître, à l'article que leur a consacré M. Viollet-le-Duc dans son remarquable *Dictionnaire de l'Architecture française du XIe au XVIe siècle* (1).

Bien qu'il ne fût possible d'établir des forteresses sur les ponts qu'avec le consentement des fondateurs, il est à supposer que la nécessité fit souvent enfreindre cette loi. Car il n'existe pas de pont important de cette époque qui ne soit défendu. Lorsque, sous le régime féodal, un cours d'eau servait de limite entre les territoires de deux seigneurs, un pont détruisait la démarcation. Et quand ces seigneurs ne se servaient pas de ce prétexte pour s'opposer à l'établissement du pont, ils en profitaient pour élever aux extrémités des châtelets où chacun se tenait sur la défensive. C'est pourquoi certains ponts d'utilité publique comme celui d'Avignon, par exemple, qui ne dénotaient, chez leurs fondateurs, aucune intention d'y établir des défenses, en furent ultérieurement munis pour sauvegarder l'indépendance de deux fiefs riverains.

D'autres, au contraire, étaient de véritables forteresses bâties d'un seul jet, non-seulement dans le but de défendre un point accessible, mais encore de commander un fleuve, une rivière, ou même une plaine ou des hauteurs environnantes. C'est le cas du pont de Valentré et aussi celui du pont de Montauban qui, répondant tous deux à un même programme, présentent une certaine similitude de dispositions.

Les archives communales de Montauban possèdent

______

(1) Tome VII, page 238 et suivantes.

des documents complets sur le pont de cette ville. Ce pont fut projeté dès 1144. En 1264, les consuls de Montauban prirent les mesures financières qui devaient en assurer l'exécution ; il fut commencé en 1291 et achevé en 1335, après des difficultés de toute sorte. Il est entièrement bâti de briques et se compose de sept arches en tiers-point, et de six piles munies d'avant-becs et percées de longues baies destinées à livrer passage aux crues du Tarn. Deux tours s'élevaient jadis aux extrémités, une troisième au milieu du pont ; elles étaient carrées et couronnées de machicoulis. Suivant un usage assez fréquent au moyen-âge, une chapelle était disposée, au niveau du tablier, dans la tour centrale. On voit, par cette description, que ce pont offrait une certaine analogie avec le pont de Valentré.

Dans la seconde moitié du XIII° siècle, un évêque de Cahors, Barthélemy de Ruffy, conçut l'idée d'un pont au lieu dit *Port de Valentré* (1). Sur sa prière, le pape Alexandre IV, « par une bulle datée des ides de janvier » 1261, consentit à faire l'abandon en faveur de la com- » mune de Cahors, d'une somme de deux cents marcs » d'argent, à prélever sur le produit des restitutions se- » crètes en fait d'usure, vol et autres biens mal acquis » (2). Rien ne prouve que les sommes ainsi perçues aient été employées à la construction du pont ; car il ne fut commencé que quarante-sept ans après la publication de cette bulle.

(1) *Histoire du Quercy*, par M. l'abbé de Salvat. Bibl. comm. de Cahors. Manuscrits.

(2) Raphaël Périé. *Histoire du Quercy*, tome II.

Voici le texte (1) de l'acte par lequel, en 1306, les consuls de Cahors décrétèrent la construction du pont de Valentré :

« Notum sit cunctis has presentes litteras visuris et
» audituris quod nos consules civitatis Caturci pro nobis
» et successoribus nostris et pro tota communitate seu
» universitate nostra Caturcensi et habita plena delibe-
» ratione et diligenti consilio ac tractatu cum probis
» viris consiliariis nostris et de nostro consilio generali
» et etiam cum pluribus aliis bonis viris sapientibus et
» discretis propter communem et evidentem nostram
» ac totius universitatis Caturci utilitatem volumus et
» concedimus et statuimus et ordinamus quod pons
» lapideus fiat nomine nostro et universitatis nostræ
» Caturci *in portu nostro de Vallantre* super flumen
» Olti et meliori loco quo fieri poterit et ædificari prope
» dictum portum salvo tamen super dicto ponte in om-
» nibus jure nostro et etiam retento nobis et consulatui
» nostro et universitati Caturci domino et custodia per-
» petuo dicti pontis. In cujus rei fidem et testimonium
» nos consules civitatis Caturci sigillum nostrum litteris
» presentibus curavimus apponendum. Actum et datum
» Caturci in domo nostra communi consulatus die
» ultima mensis aprilis anno dominicæ incarnationis
» millesimo trecentissimo sexto. Transcriptum est. »

Ce document rectifie l'erreur de l'historien Cathala Coture, qui croit que le pont de Valentré fut appelé ainsi du nom de son architecte ; tandis qu'il reçut, comme on le voit, le nom du lieu où il a été établi, à l'*entrée* de la *vallée* qui s'étend à l'ouest de la ville.

____

(1) *Livre consulaire*, folio 70. Bibl. comm. de Cahors.

Quant au maître de l'œuvre (1), son nom a disparu, avec son épitaphe, dans les flammes de l'incendie

(1) C'est ainsi qu'au moyen-âge on désignait l'architecte.

On lit dans le manuscrit de Guillaume Lacoste, tome V, livre XVIII, page 32 (bibl. comm. de Cahors) :

« Les Huguenots brûlèrent aussi le couvent des cordeliers de
» Cahors, dans l'église desquels étaient deux sarcophages : celui
» d'un disciple de saint François d'Assises, fondateur de cette com-
» munauté, probablement de ce bienheureux Christophe dont nous
» avons parlé plus haut, et un autre tombeau de l'architecte du beau
» pont de Valentré, le principal ornement de Cahors au moyen-âge. »

L'existence de cette sépulture en cet endroit est encore attestée par le passage suivant du manuscrit de Marc-Antoine Dominici, conservé à la bibliothèque du grand séminaire de Cahors (page 325) :

« Cet épitaphe se voyait jadis au cloître des Cordeliers, avant qu'il
» ne feut ruiné par les huguenots. »

Dans une « Monographie des bâtiments composant actuellement le Lycée de Cahors », M. Malinowski, membre de la Société des Études du Lot, fait l'historique du couvent des cordeliers et explique deux inscriptions incrustées dans les murs de cet ancien établissement. À la suite de minutieuses recherches sur la famille Donadieu dont le nom figure sur ces deux dalles tumulaires, et après avoir cité le texte de M. A. Dominici, M. Malinowski ajoute :

« Bien que les inscriptions dont nous reproduisons le fac simile
» soient antérieures à l'époque où ce beau pont a été construit, ne
» pourrait-on pas supposer que l'un de ces Donadieu, venu de
» Montpellier pour en diriger les travaux, en avait dressé les plans
» d'après lesquels cette remarquable construction n'aurait été exé
» cutée que longtemps après sa mort. »

Quelqu'ingénieuse que soit cette hypothèse, nous ne pouvons l'admettre. En effet, les deux inscriptions dont il s'agit portent les dates, l'une de 1260, l'autre de 1259; c'est à peine si, à cette époque, il était question de la construction du pont. En outre, il est inadmissible que l'épitaphe de l'architecte du pont de Valentré ne fît pas mention de cette qualité qui était le principal titre du défunt à la reconnaissance de ses concitoyens.

allumé au cloître des Cordeliers (1) par les huguenots
de Henry de Navarre, lorsque ce prince s'empara de
Cahors, en 1580. M. Raphaël Périé, dans son *Histoire
du Quercy*, rapporte que ce nom est gravé sur la première pierre du pont à côté de ceux du roi, de l'évêque
et des consuls.

Comme l'indique l'extrait suivant du livre consulaire
(2) conservé à la bibliothèque communale de Cahors,
cette première pierre fut posée en 1308, par G. de Sabannac, premier consul et docteur ès-lois.

« L'an MCCCVIII mestre G. de Sabannac senhor en
» legs et lo dilus davan san Johan Baptista foret co-
» mensat lo pont de Valantre et lo dig mestre G. Sa-
» bannac pauset la preumiera peyra del dig pont. »

Ce texte est de nature à dissiper l'incertitude que de
savants archéologues ont éprouvée touchant la date de
la construction du pont de Valentré.

Il est à supposer que les revenus de la commune à
cette époque étaient assez considérables ; car ils semblent avoir composé les seules ressources qui servirent
à élever le pont jusqu'à la hauteur du tablier. La première fois que les consuls s'adressèrent au roi Philippe
IV, ce fut pour obtenir de lui l'autorisation d'ouvrir un
chemin reliant le pont à la ville (3).

Les fonds durent néanmoins manquer et les travaux

---

(1) *Histoire du païs de Quercy*, par M. A. Dominici. Bibl. du
grand séminaire. Manuscrits.

(2) Folio 51.

M. P. de Fontenille a réuni, dans un *Compte-rendu au Congrès
de la Société française d'archéologie*, en 1877, une suite de documents intéressants sur l'histoire du pont de Valentré.

(3) Bibl. comm. de Cahors. Arch. orig., fol. 299.

être suspendus entre cette époque et l'année 1313 où le roi accorda aux consuls des droits de *barres* pour être affectés à la reprise des travaux (1). En effet, il est dit dans la charte qui confère ces droits, que le pont, « de novo construitur », se construit de nouveau, c'est-à-dire qu'on en reprend les travaux, sans doute à l'aide de nouvelles ressources.

Les droits de *barres* consistaient à faire payer une redevance fixée suivant la nature des denrées ou marchandises importées. Leur nom venait de la barrière que nécessitait aux portes ce mode de perception d'impôt : c'était une barre de bois horizontale qui se relevait au moyen d'un contrepoids et s'abaissait en tirant la chaîne fixée à l'extrémité opposée. Ces droits furent confirmés par le roi Philippe IV lui-même en 1314 (2) et renouvelés, pour une période de trois années, par son successeur en 1320 (3). Le roi Charles IV les renouvela encore en 1323 (4) dans une charte où il rappela à son sénéchal du Périgord quelle devait être l'unique destination de ces fonds, et lui ordonna de n'en confier la perception qu'à des personnes justifiant de la plus grande probité.

Prorogés pour trois ans seulement, ces droits venaient d'expirer. Peut-être y eut-il encore une nouvelle interruption dans le cours des travaux.

Enfin, en 1328, un consul de Cahors du nom de Pierre Marin, entreprit le voyage de Paris pour solliciter du roi la continuation de cette taxe, et fut assez heureux

(1) Bibl. comm. de Cahors. Arch. orig., fol. 301 et 302.
(2) Ibid., fol. 198.
(3) Ibid. fol. 288.
(4) Ibid. folio 300.

pour réussir dans sa mission (1). Philippe VI de Valois renouvela encore pour quatre ans les droits de barres (2) accordés par ses prédécesseurs.

L'exiguïté de ces ressources souvent détournées de leur emploi, explique la lenteur avec laquelle les travaux furent menés.

D'après sire Guyton de Malleville (3), ils n'auraient été terminés qu'en 1355. Cette date nous parait vraisemblable. On était alors au lendemain des malheureuses journées de Crécy et de Poitiers; les Anglais, qui retenaient prisonnier le roi de France, cherchaient à étendre leur domination dans tout le Midi. La ville de Cahors dut alors se préparer à tenir tête aux envahisseurs, et hâter l'achèvement de ses travaux de défense. Nous verrons plus loin la conséquence de cette précipitation.

Au commencement du XIVe siècle, la cité de Cahors occupait dans la presqu'ile formée par le Lot, l'espace compris entre le cours de cette rivière à l'Est, et le boulevard actuel qui n'est autre que le fossé comblé des remparts du moyen-âge. Elle était traversée du Nord au Sud par une artère principale, sur laquelle venaient se brancher de petites rues latérales. Cette disposition subsiste intacte, et les habitations qui bordent ces rues ont, pour la plupart, été construites au moyen-âge ou dans les premières années de la Renaissance.

Deux ponts franchissaient le Lot et mettaient la cité

(1) Bibl. comm. Manuscrits. Chroniques de M. l'abbé de Foulhac.
(2) Bibl. comm. de Cahors. Arch. orig., fol. 300.
(3) Chroniqueur dont le manuscrit est conservé à la *bibliothèque communale de Cahors.*

en communication avec la campagne environnante. Sur le premier, bâti au Sud pendant le règne d'Auguste, passait la voie romaine, allant de l'antique Divona à la capitale des Tolosates (1). Le second, appelé le pont Neuf, avait été commencé en 1251 et terminé en 1283 (2). Il se composait d'arches ogivales, portant sur des piles munies d'avant-becs aigus en amont et en aval. Ces deux ponts étaient surmontés de tours et se reliaient aux fortifications de la ville.

La situation topographique choisie pour le pont de Valentré nécessita, pour sa défense, des dispositions particulières que nous allons examiner en détail. Nous donnons (Fig. 1) un plan pour les expliquer.

Si l'ennemi, maître des escarpements qui dominent la rive gauche du Lot, voulait faire le siège du pont de ce côté, il se trouvait d'abord, sur un étroit sentier, en présence d'une demi-lune D, crénelée suivant la déclivité du terrain, et dont la principale fonction était de mettre le châtelet E à l'abri d'une surprise, en donnant au poste le temps de baisser la herse. A cette époque, il n'y avait qu'un chemin aboutisssant au pont à angle droit du côté sud et aussi qu'une seule issue *a*. Au nord, les rochers descendaient jusqu'à la rivière; ils étaient battus par une rangée de créneaux *b* bordant le tablier du pont depuis la tour A jusqu'au châtelet E. Ce châtelet était voûté au rez-de-chaussée et surmonté d'un étage servant de corps de garde pour les soldats. On y pénétrait par une porte en ogive *a* défendue par

(1) On voit encore au fond de l'eau les fondations de ses piles, un peu en amont du pont Louis-Philippe, qui l'a remplacé en 1835.

(2) Bibl. comm. de Cahors. Manuscrits.

De ce pont il ne reste plus que quatre arches.

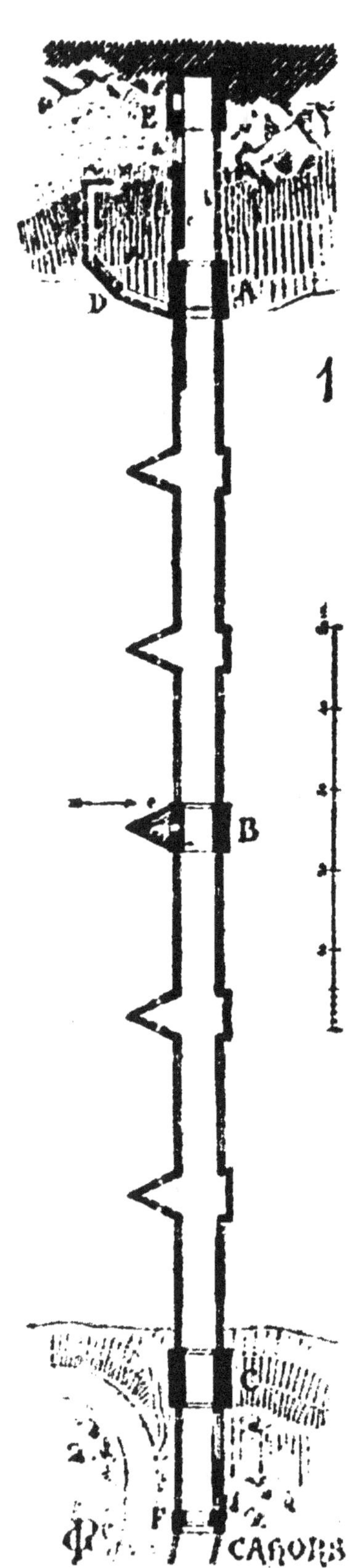

E
D
A
1
B
Ф
F
CAHOBЪ

un machicoulis et couronnée de créneaux auxquels on accédait par un escalier extérieur *e* également crénelé (1).

Après avoir franchi ce premier obstacle, l'assaillant se trouvait en face de la tour A dont le passage était fermé par des vantaux et une herse et défendu par un machicoulis percé au centre d'une voûte. Des projectiles, tels que sagettes ou carreaux (2), lancés des créneaux et des meurtrières, l'atteignaient à distance, tandis que des pierres, de la poix fondue ou de l'eau bouillante tombaient des machicoulis, l'empêchant de saper le pied de la tour.

Des vantaux et une herse barraient également le passage d'une deuxième tour B située au milieu du pont. Mais cette tour, dont les murs sont d'ailleurs moins épais que ceux des deux autres, n'avait ni meurtrières, ni machicoulis; c'était plutôt un lieu d'observation, d'où le capitaine donnait ses ordres et surveillait tous les défenseurs, chose capitale avec des soldats disposés, comme ceux de cette époque, à se vendre au plus offrant.

Une troisième tour C était munie des mêmes défenses que la première. Deux portes à vantaux interceptaient le passage sur le tablier du pont. Elles étaient précédées du côté de la ville d'une avant-porte crénelée F, premier obstacle qu'aurait rencontré l'ennemi s'il eût tenté de

(1) Cet ouvrage a été détruit; on en voit quelques fragments contre le rocher. Les fondations de la porte apparaissent encore au milieu de la route, et le soubassement de la demi-lune subsiste en partie au bord de la rivière.

(2) La flèche de l'arc s'appelait sagette du latin *sagitta*.

Le carreau était le projectile lancé par l'arbalète.

faire une descente sur cette rive du Lot. On montait au premier étage de la tour C au moyen d'un escalier droit en pierre *d* dont la partie supérieure était supportée par un arc-boutant et qui se retournait, à une certaine hauteur, pour desservir les créneaux de l'avant-porte. De cette manière il était encore possible aux défenseurs d'écraser l'assaillant, s'il parvenait à s'emparer de cet ouvrage. Dans le cas où l'ennemi se décidait à entreprendre l'attaque de la tour C d'où partaient ces projectiles, il lui fallait gravir l'escalier *d* et enfoncer sous une grêle de flèches et de pierres tombant des machicoulis, la porte du premier étage de la tour.

Ces difficultés de toute sorte contre lesquelles venait se heurter l'assiégeant, donnaient à la défense une immense supériorité sur l'attaque; et, n'eût été la trahison, il était, pour ainsi dire, impossible de s'emparer de vive force d'une construction militaire aussi ingénieusement combinée.

Ainsi disposé, le pont de Valentré, dont nous donnons ici (Fig. 2) une vue perspective (1), constituait pour la ville une défense avancée, absolument isolée et commandant non-seulement le cours du Lot, mais encore toute la plaine qui s'étendait jusqu'aux murs de la cité.

Ceci explique comment la tour de la rive droite est munie de machicoulis et de meurtrières du côté de la ville; car, le pont pris et l'ennemi dans la plaine, cette tour pouvait encore résister et ses défenseurs cribler de leurs coups l'assaillant qui, en marchant à l'attaque des remparts, recevait des projectiles de deux côtés à la fois.

(1) Cette vue du monument restauré est prise de la rive droite et en aval du pont.

Il devenait dès lors utile de défendre cette plaine. A cet effet, les remparts furent prolongés au Nord jusqu'au Lot et délimitèrent, avec le cours de la rivière, une sorte de camp retranché là où s'élèvent encore les ruines de la ville romaine. Quelques courtines crènelées et flanquées de tours visibles encore au Sud-Ouest, s'opposaient à une descente de l'ennemi venant par la rivière qui était guéable en cet endroit.

On voit que la construction de toute cette partie des remparts fut postérieure à celle du pont. Deux considérations militent en faveur de cette assertion. La première, c'est que les remparts n'avaient pas de raison d'être au Nord si le cours de la rivière n'était pas défendu. La seconde, et la plus concluante, c'est qu'ils sont pourvus d'embrasures pour des bouches à feu. Ils datent donc à peu près de la même époque que le corps-de-garde de Labarre (1), qui est percé de meurtrières à l'usage de l'arquebuse, c'est-à-dire du XVe siècle.

Ces murs formaient ainsi, avec le pont de Valentré, un système de défense complet du seul côté où la ville fût accessible à des troupes venant par la voie de terre. D'autre part, il eût été bien difficile d'essayer un débarquement en remontant la rivière et plus impossible encore en se livrant au courant. Dans ce dernier cas, il fallait essuyer les coups des hauteurs fortifiées de la ville à l'Est et entrer en lutte avec les défenseurs des

---

(1) Ce charmant édifice est situé à l'extrémité nord de la ville. Ses angles sont munis, à leur partie supérieure, de machicoulis en saillie sur des corbeaux. Il était accolé aux remparts et servait de poste aux soldats qui gardaient la porte dite de Labarre.

Aujourd'hui, il sert de bureau d'octroi.

ponts Vieux et Neuf, tous deux armés de la façon la plus formidable.

A l'intérieur, les tours du pont de Valentré possédaient, les deux extrêmes, quatre étages, celle du milieu, trois seulement. A rez-de-chaussée, le passage était voûté en berceau. Les planchers des étages supérieurs portaient directement sur des poutres de châtaignier encastrées dans les murs et soulagées par des lambourdes qui reposaient sur des corbeaux en pierre (voyez Fig. 5). On montait d'un étage à l'autre par des escaliers de bois. Des trapes s'ouvraient au milieu des planchers; elles mettaient les étages en communication avec le tablier du pont, et permettaient de hisser les munitions au moyen d'une poulie fixée à la charpente. Les herses glissaient dans des coulisses pratiquées dans les murs; on les manœuvrait au moyen d'un treuil et de contre-poids suspendus aux poutres des planchers. La tour de la rive gauche présente, de chaque côté de la meurtrière située à l'ouest du premier étage, deux excavations creusées de rainures, qui semblent avoir été faites pour recevoir le système d'accrochage des chaînes. En haut de cette même tour, on remarque dans le berceau intérieur du machicoulis situé à l'angle sud-ouest une sorte de banc de pierre, de la largeur de l'ouverture et percé d'une meurtrière. Ce banc, en même temps qu'il permettait à la sentinelle postée à cet étage de se reposer, tout en surveillant le pied de la tour, abritait l'escalier contre les projectiles dont on aurait pu être atteint en montant si, ce qui lui était facile, l'ennemi venait à en faire passer quelques-uns par le machicoulis. L'escalier de pierre qui monte du tablier du pont au premier étage de cette tour était crénelé de redents percés de meurtrières.

Celui e qui monte au même étage de la tour centrale B est construit sur l'avant-bec et devait être muni des mêmes défenses.

A l'intérieur, la tour de la rive droite était semblable à la première, moins l'appareil de montage pour la herse.

Les piles (Fig. 3) étaient aussi pourvues de créneaux

et de meurtrières, et d'une épaisseur assez forte pour qu'il fût possible de rompre une arche s'il le devenait nécessaire sans que, pour cela, la poussée des autres compromît la solidité du pont. Les avant-becs donnent au tablier l'apparence d'une courtine construite suivant les principes du tracé bastionné (1). La hauteur des

(1) L'ancien tablier était pavé de cailloux maçonnés comme se font aujourd'hui les trottoirs dans la contrée. Nous l'avons retrouvé

arches au-dessus de l'étiage laisse un libre cours aux plus hautes crues du Lot. Les ouvertures pratiquées dans l'épaisseur des avant-becs ont donné lieu à différentes suppositions. A notre avis, ce ne sont que des passages qui eurent leur utilité pendant la construction, pour le transport des matériaux d'un bout à l'autre du pont et qui furent conservés, le travail achevé, pour aider aux réparations. On voit de même l'encastrement des poutres sur lesquelles était jeté le plancher qui faisait communiquer les arches entre elles, de même que les trous des cintres qui ont servi à la construction des arches.

L'arche située au centre de la demi-lune d'avancée était close par une grille qui s'opposait à ce que l'ennemi pût parvenir jusqu'au pied de la tour pour y faire des travaux de sape (1).

Dans cette remarquable construction militaire, les détails ont été aussi soigneusement étudiés que les dispositions générales. Le profil de l'archivolte des arches et celui des cordons qui contournent les machicoulis présentent, à leur partie inférieure, une concavité propre à arrêter les traits venant d'en bas, et à les rejeter sur l'assaillant lui-même. Les meurtrières des tours en forme de double croix (Fig. 4) permettent, par leur évasement intérieur, de voir et de tirer dans toutes les directions. Des créneaux dont on levait les volets suivant les besoins du tir, au moyen d'une crémaillère

en fouillant à 0.^m20 de profondeur dans la partie la plus basse du pont, et à 0^m.10 au sommet. Les proportions des arcades des tours gagneraient beaucoup au déblaiement, et la circulation sur le pont en bénéficierait également.

(1) Cette arche a été doublée, à une époque relativement récente, d'un berceau en plein cintre qu'il importerait de faire disparaître.

(Fig. 5, A), tombaient, sur l'assaillant, des sagettes et des carreaux lancés à toute volée qui l'atteignaient à une grande distance, même derrière ses travaux d'approche.

Les armes dont on faisait usage à cette époque n'étaient pas aussi peu redoutables qu'on serait tenté de le croire. L'arbalète, que le défenseur pouvait manœuvrer tout à son aise derrière les meurtrières, fournissait un tir d'une très-grande précision. Quant à la rapidité, l'arc ne laissait rien à désirer ; un bon archer pouvait,

en une minute, décocher une dizaine de sagettes, tandis qu'un arbalétrier ne lançait que deux carreaux dans le même espace de temps.

L'histoire ne mentionne aucune attaque dirigée contre le pont de Valentré. Il est néanmoins permis de supposer qu'il en soutint plus d'une pendant les guerres nombreuses qui désolèrent la France au XIVe siècle. On connaît à peu près le nombre d'hommes préposés à sa garde en temps ordinaire, ce qui, pour cette époque, peut être considéré comme le pied de guerre. On lit en effet dans un manuscrit conservé à la bibliothèque communale de Cahors (1) :

« Guillaume de la Fon, capitaine d'une compagnie » bourgeoise, avait sous son commandement la com-

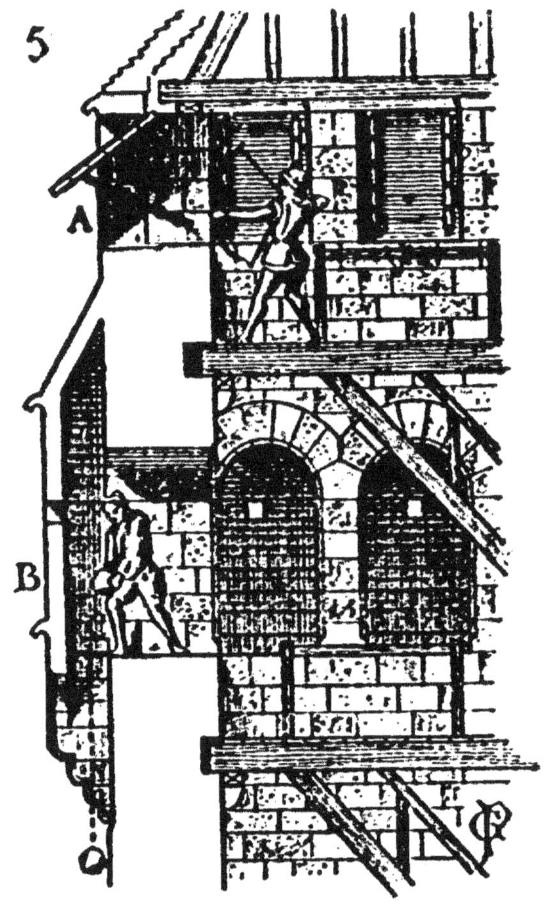

» pagnie d'Arnaud Delpech, à l'exception de *vingt* » *hommes d'armes* que ce dernier tenait *au pont de* » *Valentré* dont on lui avait confié la garde. »

(1) *Histoire du Quercy*, par Guillaume Lacoste.

Il y est dit plus loin qu'en 1410 le pont fut réparé pour être mis en état de défense (ce qui indique qu'il avait déjà souffert), et que les gardes en furent doublées.

Ce petit nombre d'hommes réparti aux deux extrémités du pont suffisait pour faire face à l'éventualité d'une surprise et attendre des renforts de la ville.

Les hourds en pierre du pont de Valentré sont un perfectionnement apporté aux constructions militaires du XIVe siècle. Jusqu'alors, pour donner un flanquement plus étendu et faire à la partie supérieure des tours ou des courtines une saillie favorable à la défense, on avait dressé, à leur sommet, un ouvrage en bois posé sur des solives en bascule, ou en encorbellement sur des corbeaux de pierre. Mais vers la fin du XIIIe siècle, on chercha des moyens de parer aux dangers d'incendie que présentaient ces hourds contre lesquels les assaillants lançaient des barillets de feux grégeois, de résine enflammée ou d'autres matières combustibles qui s'attachaient aux charpentes et produisaient un feu très-vif que l'eau ne pouvait éteindre.

Au pont de Valentré, ces hourds ont été construits entièrement en pierre. Il se composent d'un coffre en saillie sur le nu des tours reposant, au moyen de petits arcs, sur un encorbellement formé de quatre corbeaux superposés, et recouvert de dalles de grès (voyez Fig. 5, B). Une rainure C, pratiquée autour de chaque trou, recevait une dalle qui en bouchait l'ouverture en temps de paix. Chaque machicoulis s'ouvrait intérieurement, dans l'étage correspondant à sa hauteur, par un berceau qui en faisait un assommoir séparé. Mais le sol en était élevé au-dessus du plancher pour que les projectiles passant par ces ouvertures ne pussent atteindre les défenseurs dans l'intérieur des tours.

A l'exception de celle du milieu qui servait principalement à faire communiquer les deux autres, les tours n'avaient de fenêtres que du côté de la ville. Ces fenêtres étaient closes par des volets faits de planches en travers, doublées d'autres planches verticales battant en feuillure, et retenues entre elles par des clous disposés en quinconce. Les portes étaient faites de la même manière. De forts verroux ou des barres en bois servaient à les barricader.

La couverture des tours était en pierres lamelleuses superposées ; ce mode a été de tout temps et est encore en usage dans le Quercy (1). Avec ce genre de couverture, la charpente, ne servant que de forme, peut être très-légère et même enlevée une fois le travail terminé.

Le pont de Valentré fournit un exemple caractéristique de la tradition romaine dans l'avant-porte crénelée F qui en défendait l'entrée du côté de la plaine. Cette disposition a été absolument méconnaissable jusqu'à présent, et ce n'est qu'après avoir fait des fouilles dans cette partie du pont que nous avons pu nous rendre compte très-exactement de ce qu'elle fut à l'époque primitive. Bien que la forme du réduit situé au-dessus du passage actuel (2) ne présente aucun caractère qui en précise la date, nous ne serions pas étonné que cette

(1) Nous avons entendu dire à un habitant de Cahors qu'un vieillard de ses ancêtres avait vu les tours du pont de Valentré couvertes de cette manière.

(2) Nous donnons, au centre de la lettre initiale de cette notice, une perspective du pont avant sa restauration. On y voit, au premier plan, la construction dont nous parlons ici, comme elle se présente en venant de la ville ; la vignette finale en reproduit une autre vue prise dessous la tour de la rive droite.

construction eût été faite vers la fin du XVe siècle (1). Pour établir la voûte en brique qui en supporte le plancher, on a rempli par de la maçonnerie la partie inférieure de l'escalier de la tour et bâti un mur de l'autre côté du tablier. Puis, pour remplacer la portion d'escalier supprimée, on en a construit un autre qui a nécessité, pour monter à la tour, de passer par le réduit. Les fouilles que nous avons faites en cet endroit ont mis à découvert les marches en grès de l'escalier primitif et ne laissent subsister aucun doute sur cette partie de la restauration.

L'avant-porte F ne possédait pas de herse, puisqu'on ne trouve pas latéralement de coulisses pour la recevoir, mais d'épais vantaux (2) protégés par un machicoulis ouvert sur toute sa largeur entre les deux arcs de tête. Une couverture sur cette avant-porte eût donc été inutile et même nuisible, puisqu'elle eût servi de retranchement à l'ennemi, s'il fût parvenu à s'emparer de cette défense. Elle était couronnée de créneaux pour le tir à distance et munie d'une cloche pour rassembler les soldats ou prévenir les habitants, en cas d'alarme (3).

Le pont de Valentré est, au double point de vue de

---

(1) La brique employée à cette construction a la même dimension que celle des remparts avoisinant le pont au Nord. La menuiserie des volets fixés aux fenêtres qui éclairent cette pièce paraît remonter à cette époque.

D'autre part, en faisant des fouilles, nous avons trouvé dans la maçonnerie du mur un ciseau en fer avec tranchant aciéré, qui confirme cette opinion.

(2) Les gonds existent encore.

(3) On lit dans les chroniques de M. l'abbé de Foulhac (Bibl. comm. de Cahors. Manuscrits), qu'« en 1385, la cloche du monastère

l'art et de l'histoire, un de nos monuments les plus intéressants. C'est une œuvre puissante et d'un grand caractère. Vues à distance, ses tours sont majestueuses, ses arches grandioses. Et pourtant, à une époque, malheureusement peu éloignée de la nôtre, où l'on n'envisageait l'architecture du moyen-âge que comme le produit de l'ignorance et de la barbarie, il s'en fallut de peu qu'on ne le détruisît. On nous a même affirmé que c'est à la difficulté d'en démolir les tours que nous devons de l'avoir conservé.

Il est désormais sous la tutelle de la Commission des Monuments historiques, qui nous a chargé d'en diriger la restauration.

Il y a une douzaine d'années environ, l'administration des chemins vicinaux fit exécuter des travaux au pont de Valentré, dans le but de remédier aux dégradations causées par le temps et le manque d'entretien. On ne saurait assurément trop louer cette intention manifeste de conserver le monument en y faisant les réparations les plus urgentes. Mais il ne suffit pas toujours de réparer un monument, car il ne pourra le plus souvent offrir un intérêt réel, du moins pour tout autre que l'archéologue, qu'autant que ses dispositions primitives apparaîtront avec la clarté et l'harmonie de ses premiers jours. Il faut donc encore, si ces dispositions ont été modifiées ou en partie détruites, les rétablir consciencieusement. C'est l'œuvre de la restauration.

Nous avons souvent entendu protester contre les

de Saint-Étienne de Gramat fut transportée au pont de Valentré pour servir à appeler les soldats ».

On sait d'ailleurs que toutes les portes de la cité d'Avignon étaient pourvues d'une cloche dans ce même but.

restaurations. Pour certaines personnes par trop éprises de l'antiquité pour l'antiquité, il vaudrait mieux laisser s'écrouler des ruines où amalgames, les formes et les styles de toutes les époques que de consolider un monument, en lui rendant son homogénéité originaire. Dans quel état seraient bientôt ces monuments qui font l'objet de leur tendresse, s'il n'était point pourvu à leur restauration? Et d'ailleurs, n'est-ce pas amoindrir l'importance qui s'attache aux études archéologiques que de leur assigner un rôle platonique et purement contemplatif?

Ainsi, restaurer n'est pas seulement réparer, ni toujours restituer : c'est rendre ou apporter à un édifice un état complet conforme aux données particulières et locales suivant lesquelles l'œuvre a été primitivement conçue. Voilà ce que nous avons entrepris de faire au pont de Valentré.

Des indices nombreux nous ont mis sur la voie des détails disparus. La place des tourillons nous a fourni celle des volets qui fermaient les créneaux des tours. L'entaille de l'assemblage des limons dans les poutres nous a donné la rampe des escaliers en charpente. Les menuiseries des portes et fenêtres étaient elles-mêmes indiquées par les traces de leurs ferrures.

Nous avons vu combien longue et pénible fut la construction du pont de Valentré. C'est ainsi que, pressé de se mettre en défense contre l'étranger, on couvrit la tour de la rive gauche avant que l'étage crénelé n'eût été construit. La tranchée pratiquée dans les murs latéraux pour introduire les lambourdes sur lesquelles devaient poser les poutres, prouve qu'on était dans l'intention de construire cet étage, que l'œil réclamait autant à l'extérieur que les besoins de la fortification l'exigeaient.

Il ne peut donc rien y avoir d'hypothétique dans notre restauration.

La pierre employée était le calcaire extrait de la montagne. Ce qui prouve qu'elle provenait de cette rive du Lot, c'est que, tandis que les quatre avant-becs de ce côté sont percés d'ouvertures pour livrer passage aux matériaux, le dernier, du côté de la ville, est resté plein. On avait sans doute reconnu le défaut de ce calcaire gélif : car toutes les parties délicates, comme les profils, ou celles qui recevaient la pluie, comme les dalles couvrant les machicoulis, ou les marches des escaliers extérieurs, étaient taillées dans le grès des environs de Figeac.

Quant aux mortiers, ils sont d'une adhérence parfaite et d'une dureté incomparable.

Le pont de Valentré mesure 183 mètres de longueur depuis l'avant-porte jusqu'à l'extrémité du châtelet détruit. Son tablier, entre les parapets d'ailleurs assez irréguliers, a une largeur moyenne de 5ᵐ20. La hauteur des tours est d'environ 40 mètres au-dessus de l'étiage.

Les travaux de restauration sont exécutés, pour la maçonnerie, par M. J. Deltheil; pour la charpente et la menuiserie, par M. Chansarel; pour la serrurerie, par M. Barancy; pour la peinture, par M. Séguy. C'est à M. Calmon que nous avons confié la sculpture de la *pierre du diable* dont nous allons reproduire la légende, bien connue de tous les habitants de Cahors. La voici telle que la donne M. Gluck, dans son Album historique du Lot :

« Suivant la légende populaire, l'architecte du pont
» de Valentré, désespéré de la lenteur des travaux,
» engagea son âme au diable par un contrat, dans
» lequel il fut stipulé que le prince des ténèbres l'ai-
» derait de tous ses moyens et le servirait fidèlement
» sans jamais se lasser, quelques ordres qu'on pût lui
» donner. L'âme devait échapper aux griffes de satan
» si ce dernier, rebuté par une cause quelconque,
» refusait de prêter son concours à l'œuvre projetée.
» Le démon accepta et, dans les premiers jours qui
» suivirent la ratification du traité, les constructions
» avancèrent avec une rapidité effrayante pour l'or-
» donnateur des travaux. Le roi des enfers avait été
» chargé d'apporter de bien loin aux maçons les pierres
» et le mortier, mais il était ailé, et les matériaux pro-
» venant d'un premier voyage n'étaient pas épuisés,
» qu'une nouvelle fournée venait en augmenter le
» nombre. L'architecte, ne pouvant utiliser tous ces
» matériaux, eut recours à l'expédient suivant :

« Prends ce crible, dit-il à Satan, laisse-le tel qu'il
» est sans y faire les moindres changements, et emploie-
» le pour puiser dans la rivière l'eau que tu porteras
» aux maçons chargés de faire le mortier. »

» Le diable se mordit les lèvres de dépit et plongea le
» crible dans la rivière, mais les fissures étaient si lar-
» ges que, malgré la vitesse de son vol, il ne restait plus
» une goutte d'eau lorsqu'il arrivait auprès des ouvriers.
» Après quelques essais plus infructueux les uns que
» les autres, il jeta, comme dit le proverbe, le manche
» après la cognée, et s'en alla tout penaud trouver
» l'architecte. Tu as vaincu, lui dit-il, mais je te jouerai
» un tour de ma façon pour que tu ne te vantes pas
» d'avoir eu ma collaboration gratuite. »

« En effet, quand on fut sur le point d'achever la tour
» centrale, l'angle nord-ouest, dans le voisinage du toit,
» s'écorna, au grand ébahissement des maçons. On le
» répara ; le lendemain, cette même pierre manqua ;
» cette fois, ce fut Satan qui lassa les ouvriers, et il les
» lassa si bien, que cette pierre manque encore. »

Nous avons voulu qu'elle ne manquât plus et formé
l'audacieux projet de la remettre en sa place. Mais,
désireux de perpétuer cette vieille légende, nous avons
figuré sur la pierre le diable faisant encore des efforts
pour l'arracher. Cette fois, le roi des enfers a trop pré-
sumé de ses forces ; comme jadis Milon de Crotone, il
ne peut retirer ses doigts des joints qui les serrent, et
loin d'emporter la pierre, il y demeure fixé pour toujours.

FIN.

www.ingramcontent.com/pod-product-compliance
Lightning Source LLC
Chambersburg PA
CBHW061711060726
47597CB00006B/2301